noch immer unterwegs

Für U.

Martin Fröhlich

noch immer unterwegs

Gedichte und Aphorismen aus zweiunddreißig Jahren

Herstellung und Verlag: Books on Demand GmbH, Norderstedt
ISBN 3-8334-5195-5

Auch das ist Leben,
daß man den Haß
verwandeln muß.

Hanns Cibulka, RMR

17.5.74

Manchmal schüttelt man den Kopf solange über dem Suppenteller, bis das Haar hineingefallen ist, das man sucht.

19.5.74

Mit den Möglichkeiten wachsen die Bedürfnisse.

20.5.74

... ohne Schadenfreude, aber mit Genugtuung über die eigene Leistung ...

Schluß

wenn zwei
sich trennen,
hören welten
auf

6/74

Fragen

1

durch das labyrinth von straßen,
häusern und menschen
komme ich zu dir

2

dein zimmer begrüßt mich mit wärme,
endlich schweigen alle fragen:
DU bist die antwort

3

spät am abend, wenn ich gehe,
lasse ich etwas zurück:
mich als antwort deiner fragen

4

wirst du mir morgen wieder
antwort sein ?

6/74

24.6.74

Wer Menschen sammelt, merkt bald: nicht jeder kommt in Frage.

25.6.74

Kann man nur aus eigenem Schaden klug werden ?

27.6.74

aus 1968:
Die Stärke einer Gemeinschaft ist meßbar an der Freiheit, die sie dem
Einzelnen gewährt.

die worte der dichter

die worte der dichter
verhallen ungehört

selten ein echo
fast immer zu leise

grausame wahrheit vom
nichthörenkönnen und
fühlenmüssen

1974

herbstnacht

regen fällt, er ist die melodie
einer einsamen nacht,
die nicht einmal vom mond
besucht wird

und der wind singt
sein uraltes lied

ich will nur nach hause

Er lebte nach dem Prinzip „Genuß ohne Reue" und hatte am nächsten Tag stets einen Kater.

Einige Menschen haben viele Gedanken, andere nur viele Worte.

Das Bewältigte scheint immer leichter als das Kommende.

Beständigkeit schafft Veränderung.

Wettergespräche sind das beste Beispiel für die Unzufriedenheit der Menschen.

Militär ist gesellschaftsparasitär.

Mit dem Bildungsgrad steigt die Chance nicht manipuliert zu werden.

Berlin,1.Dezember 1974: Erster Ausgang

Hauptstadt,
Fernsehturm und Hinterhof,
Weihnachtsmarkt und viele
Tausend Menschen,
aber *sie* ist nicht dabei

Anderssein wird bestraft.

1975

Menschen, denen Blicke zur Verständigung genügen, bedürfen nicht der Gebrechlichkeit und Zweideutigkeit der Worte.

Analogie in Sprache und Verhalten: Schlechte Bespiele färben ab.

Milieu formt Sprache.

Die kürzesten Aphorismen sind die Schwierigsten.

Dankbarkeit für einen schöpferischen Tag: Hand ans Werk legen.

Faulheit: Den ersten Gedanken den besten sein lassen.

Der Mensch unterscheidet sich vom Tier unter anderem durch den Gebrauch der Sprache. Wie oft aber will man ihm den Mund verbieten.

Er wusch seine Hände im schmutzigen Wasser der Unschuld.

Ein Mensch war reich: Er besaß Hoffnung.

Viele Bekannte, wenig Freunde.

Großstädter sind Leute, die nicht wissen, ob ihr Nachbar Müller oder Meier heißt.

Fantasie ist lebensnotwendig: Wer sich keine Zukunft vorstellen kann, hat keine zu erwarten.

Zwei Menschen passen eher in ein Bett als unter einen Hut.

EINBERUFUNG

abfahren

- - -

nie wirklich
ankommen

VON DER SCHWERE, EINER SACHE GERECHT ZU WERDEN

es ist schwer
gerecht zu werden:

unseren gefühlen
durch worte

unseren worten
durch taten

AM MORGEN

der wind
rüttelt am fenster
die sonne
greift mit ihren strahligen fingern
in jeden winkel meines zimmers

ich bin
erwacht

BRIEFE WILL ICH SCHREIBEN

ich will nicht
schuld sein am verlust
auch nur eines einzigen wortes,
das quillt

MORGENSPAZIERGANG

auf den straßen meiner stadt
war ich einem gedicht auf der spur,
einem thema bin ich begegnet:

dem menschen

mit seinen möglichkeiten
will ich spielen

MARIENKIRCHE ZU BERLIN

wissend das vergangene
steht sie noch immer:
für die zukunft
ein zeichen der hoffnung

der hauptstadt aus glas,
stahl und beton
ist sie ein
ruhiges, sicheres zentrum,
selbst wenn die flut des verkehrs
über die ufer tritt

Heimfahrt
(für R. S.)

ein abend
grau bis zum horizont
beiderseits der schienen die felder
noch unbestellt

die kirchturmspitzen
hinter den hügeln zeigen mir,
wo die dörfer liegen, die
ich seit meiner kindheit kenne

bald werde ich
in meiner stadt sein...

die eltern
(sie sind älter geworden):

> *junge, gut,*
> *daß du kommst*

BAHNHÖFE

ihre faszination:
zugleich start und ziel
zu sein

mit jedem zug der ankommt
der abfährt:
eine chance aufzubrechen

bahnhöfe:
haltepunkte auf dem weg
zu uns selbst

... im system der gleise
den richtigen weg
finden ...

11.04.75

Wer Befehle erteilt, hat keine natürliche Autorität.

Eine unerfüllte Sehnsucht schafft sich ihre eigenen Vorstellungen.

Naives Vertrauen ist manchmal rührend und manchmal erschütternd.

Das räumliche Verhalten zu einem Menschen ist Teil unserer inneren Beziehung zu ihm.

aufbruch

ich verlasse meine stadt, breche auf zu neuen plätzen
und doch bleibe ich, lasse mich zurück
- nichts von alledem zur gänze
offen bin ich dem neuen; die vergangenheit:
ich möchte sie nicht missen.
ausschreiten will ich den großen kreis:
mein leben zu gestalten.

21.5.75

ich liebe

ich gebe ab, um beschenkt zu werden
ich will alles teilen, um mehr zu haben:
dich und die welt, die *uns* gehört

24.5.75

armee

verbannt in das
gefilterte sonnenlicht,
ausgeliefert der enge
wie zuvor ausgeliefert
dem leben

1975

Dresden 1975
(13./14. Februar 1945)

hier ist es noch spürbar,
zwischen den glaslosen fenstern
der ruinen ein leises schwingen:
das himmelschreiende unrecht

nie wird gras wachsen über die
trümmer, sie unsichtbar zu machen

aber vom breiten elbufer wächst
grün die hoffnung in die neuen
viertel

28.5.75

NVA-URLAUB

fixpunkt
im kalender
jedes soldaten

warm ist der ton
unserer stimmen, wenn
wir uns treffen
zu haus`

gespräche

nähe und ferne,
gemeinsamkeit und trennung
sich auf den gipfeln treffen
oder
in den ebenen verlieren

10/75

Alle Diktatoren reden von der Ewigkeit ihrer Herrschaft, weil sie die Begrenztheit dieser jeden Tag spüren.

Bücher sollen nicht rühren, sondern bewegen.

Machthaber sind zu allem fähig.

Womit sich der Mensch beschäftigt, das beschäftigt ihn.

oktober

jedes blatt, das fällt:
negation der negation

sterben, um wieder
aufzuerstehn`-
im frühjahr

       10/75

doppelte kostbarkeit

der wunsch, den augenblick
festzuhalten

kostbar auch, daß
sie fließt:
            die zeit

            11.12.75

Nacht im Dezember, kurz vor Weihnachten

Auf dem Fluß Eis,
dünn wie Zeitungspapier,
noch von den Wellen
bewegt.

Der Mond,
eine große gelbe Scheibe.

Darüber ein sternenklarer Himmel,
wie über dem Feld der Hirten damals.

                    18.12.75

anspruch
(für R. S.)

6.1.76

du streitbarer
    freund
bist
offen,
manchmal hart,
also helfend

nie willig
zum
    faulen frieden,
bereit aber immer
zum gemeinsamen weg

so sind wir
       stark genug
um stärker zu sein

Schenken aus Verpflichtung ist Verteilung.

Berlin, Oranienburger Straße

hier fährt unter der straße
die s-bahn eine verbindung
zum anderen stadtteil ist
nicht sichtbar aber sie besteht
sie besteht

1976

forderung

das papier, dessen herstellung
bereits beginnt mit der axt
am baum

oder schon beim pflanzen
der bäume ?

wer den baum
pflanzt, wer ihn fällt:
nützlich ist seine arbeit,
deshalb: gebraucht das papier
zu nützlichem:

jedes blatt soll fordern einen baum

Der Rechenschaftsbericht – für viele war die einzige gesellschaftliche Arbeit des ganzen Jahres.

Berlin, Mollstraße, 7. Stock

unter uns die dächer
des alten Berlin
in den straßen der puls
des lebens
die neuen häuser
höher, heller ...
weil gebaut von
den nutznießern selbst.

einsamkeit

sitzen im gefängnis
aus glas:

nicht gehen können
keinen haben der kommt

vom leben umgeben:
teilnahmslos –
ausgeschlossen

liebe

    I

verbrennen
an der haut des anderen

das ist viel und zu wenig

    II

die bereitschaft
zum ersten schritt:
        immmer wieder

Der Verstand ist der bessere Schauspieler in uns. Das Gefühl ist zu ehrlich.
Dafür ist es das positive Korrektiv des skrupellosen Intellekts.

3/5/76

„Ein vernarrter Optimist sein ..." (R.S.)

Herrlich beschissen schwierig.

Die Philosophie bestimmt über die Einzelwissenschaft - „weil nicht sein kann, was nicht sein darf".

variationen über das wort

1

mit einem wort ist es nicht gesagt
mit einem satz nicht erklärt
die summe des sagbaren erfaßt
es nicht vollständig:

- das bild hinter dem bild,
  das wort hinter dem wort –

im leben aber kannst
du versuchen, das unsagbare
sichtbar zu machen

2

(1977 aus einem besonderen anlaß, für R. K.)

der die dinge beim namen
nennt
der ausspricht, was ist,
der einspruch erhebt in seinem
namen für alle,
nicht gewillt, nur im kreis
zu gehen ...

kein geschenk wollen von ihm
die selbstgerechten,
nicht einmal ein gedicht

sie haben die gewalt
und zittern doch
vor dem wort, das unter uns
bleiben wird

3

die brücke, die wir
bauen können,
uns zu tragen:
                das wort

4

damit es nicht auf dem
boden zerschellt, wie eine
fallengelassene vase,
wird es von der
sympathie
getragen

morgen und abend in M.

1

morgen

schlote speien
den grauen tod in den
himmel

die zunge schmeckt
den gestank von
faulendem fisch

2

abend

in wohnungen
lautlose
einsamkeit
enten in öl
auf dem teich

im dom
die orgel

... nicht mehr
saboteure der
schöpfung
zu sein ...

Wir sind heute nicht nur *Fernseher*, sondern auch *Fernhörer* und *Fernwisser*.

reisen

schon allein
das wunder:
am abend menschen
zu treffen, von deren
existenz wir am morgen
noch nicht
wußten

und immer
wieder das erlebnis,
was in einem leben
möglich sei ...

wenn...
(2.kor 6.10)

wenn alle musik
verboten sein wird,
wenn alle bücher
verbrannt sind,
wenn alle natur
abgeschafft ist,
wenn nützlichkeit
der maßstab ist:

ich werde
die liebe weitersagen

9.12.76

Minderwertigkeit

Das Gefühl der Minderwertigkeit läßt uns gemein werden, unfair, lieblos:
Eben minderwertig. Obwohl wir immer noch hoffen: Sie trifft nicht zu,
unsere Minderwertigkeit; obwohl wir die Unfairnis, das Lieblose an uns
selbst erleben: Wir können nicht anders – und das erst macht uns
minderwertig.

Lernen in meinem Sinn: Um Vorschläge zu machen.

Ingenieur sein: Das Leben der Menschen besser machen.

Erziehen: Abfärben statt Einbläuen.

Reifen - vielleicht so - sich als unfertig begreifen lernen.

Liebe: Spurenelement des Lebens.

Die Mächtigen der Welt sind die Gewalttätigen der Erde.

das ende

irgendwo schreit
aus leibeskräften unhörbar
ein mensch bis
er verstummt
der große fisch
frießt den blauen mond
mit lautlosem gepolter
fallen schneeflocken in
einen taghellen schornstein
wind fährt mir unter
die lider
ein flugzeug durchbricht
die schallmauer
ich
falle
aus
dem
bett:
     aus der traum...

WIR
eine kleine dialektik

Der einzelne
geht im kollektiv auf –

Oder unter

RAUCHEN

inhalieren wie
brot essen

Gedicht vom Mauerblümchen

Eine handvoll
erde würde ihr, die
einen mauerspalt nur
braucht
schon eine wiese sein

So
hat sie fast nichts
und tut doch alles

Warum aber tut sie das ?

Ich sage:
sie blüht
und
    Du kannst
    sie sehen

Er redete soviel, daß er nichts von sich sagen mußte.

Sie verlieren lieber das Gesicht als die Macht.

Frieden *mit* dem Gegner.

Nekrolog

der Neue Mensch ist
stromlinienförmig

stets trägt er bei sich
ein mäntelchen
es zu hängen
nach dem wind

seine überlebensfähigkeit
wird zur lebensgefährlichkeit:
weil er sich anpaßt
wird er nicht überleben

Die Familie ist die kleinste *Zelle* der Gesellschaft.

Von sich selbst gefressen werden.

WINTERANFANG

der schnee liegt so
leicht auf dem land
wie ein kindergewissen
im bett

MITTERNACHT

wenn
die maschinen über
der stadt
den himmel zerreißen,
lege ich ganz leise
eine platte auf:

we shall overcome.

4.8.78

Nicht alles haben, alles besitzen.

Manche Menschen würden für ihre Überzeugungen in den Tod gehen, andere lassen für ihre Überzeugungen sterben.

Mann müßte weinen können.

Sie sprachen über den interpretierten Goethe.

Sich eine Haltung nicht einreden lassen.

Ein Rezept meiner Mutter

Du mußt nur alle Zutaten
haben
     süße Mandeln, Rosinen ...

Dann ist alles ganz einfach ...
Ja, Mutter,
       ich weiß.

Ihre Hände, die mich einst
hoben,
ziehen ein ums andere mal
den Mandeln das Fell ab.

8.01.80

Wer sich als geeignet erweist, wird durch Wiederholung belohnt.

1981

1983

in nischen wohnen
und
durch vermauerte fenster
in einen guten traum schauen

aber
bitter wie galle
        der betrug

das herz zerrissen
von hoffnung und schmerz

herbst (1983)

sand auf einsamen wegen
nebel im haar
herbst in den adern
im herzen sehnsucht nach schlaf und traum

Niemand ist an der Situation unbeteiligt, in der er sich befindet.

1986

4.11.89

Wir lassen uns nicht *verwenden*.

1990/91

unsichere zukunft
flüchtige gegenwart
verklärte vergangenheit
kläglich

1992

zerbrochen die welt aus werbung und serien
eingeholt von der wirklichkeit,
die begeisterung im eiskalten wasser
der berechnung
ertränkt

ostböhmischer herbst

die letzten pflaumen liegen im gras
am abend die letzten äpfel gepflückt
gegen morgen fällt schnee
noch zwölf wochen bis neujahr

1.10.95, nemojov

Die Bäume meiner Kindheit

Die Bäume meiner Kindheit
haben Maikäfer getragen,
im Herbst waren sie bunt,
dann riß ihnen der Sturm
die Blätter ab,
bevor sie unter einer
weißen Decke einschliefen.

Es ist einsam
geworden
in
meinem
Wald.

30.11.98

Trauer ist immer auch ein Stück Selbstmitleid.

1999

die autohäuser kathedralen,
drinnen das Goldene Kalb
auf vier rädern
time is money

die luft ist dünn geworden,
der mensch steht auf der Roten Liste

28.11.99

Beratungen sind Zusammenkünfte geistiger Wiederkäuer.

06/2000

märkischer tod

den mund voll sand
die hand an der kiefernwurzel
traumlose stille

finale ohne da capo

vier jahreszeiten

ein blühender kirschbaum
vor blauem himmel

heiß und trocken
die kiefernwälder der kindheit

noch eimal alles zeigen:
das gelb, das braun, das rot

schnee im geäst
unterm krähenflug

Urlaub – bei sich selber sein.

Die Beliebigkeit des Pluralismus.

Der Mensch als Episode der Evolution.

2001

im europa des geldes
ist englisch die hofsprache
der mensch existiert als
chipkarte
beliebigkeit hat
die mythen ersetzt
wir sind zu klein
für unseren entwurf

kinderweihnachten

nichts kann ersetzen
den glanz des baumes
hinter der ersten tür

12.03.2001

Seinen Haß kultivieren.

14.09.01

Gewalt potenziert sich.

15.09.01

Die meisten Vorgesetzten begreifen nicht, dass sie auch nur Gefangene eines Systems sind.

---

hoffnung

authentisch bleiben, auch wenn
man zwischen allen stühlen sitzt,
in allen schwarzen listen steht,

sich keinem andienen,
hoffen, dass noch *einer* aufsteht.

25.11.2001

Möglicherweise hat in der Geschichte die Mittelmäßigkeit mehr Schuld auf sich geladen als der Extremismus.

27.02.2002

melancholie

die weite des ostens
ist spürbar
der wind trieb das laub fort
jetzt
treibt er den schnee
vor
sich
her

die seele
rekelt sich
im
vergangenen

01.03.2002

herkunft

die mutter aus mähren,
vertrieben,
unschuldig,
nicht schuldlos,
geschunden das herz,
offen

der vater aus preußen,
masurische vorfahren,
pflichtbewußt,
in der eigenen disziplin
gefangen

und ich,
aus diesem kleinen land,
noch immer
unterwegs

04/2002

29.12.04

Haustürgeschäfte sind der Schneewittcheneffekt unserer Zeit.

10.01.05

Paradoxon: Lebensbaum, der Geruch des Friedhofs.

28.02.05

Leben als Versuch, sich dem eigenen Entwurf anzunähern.

jugend

drogen: die alltägliche
gehhilfe
in
keine
zukunft

... nichts
ist
wichtig ...

die eltern
als geiseln

Inhalt